AF326328

LE

PÈRE J. B. AUBRY

MISSIONNAIRE AU KOUY-TCHÉOU

D'après sa Correspondance

PARIS

IMPRIMERIE F. LEVÉ

RUE CASSETTE, 17.

—

1887

LE PÈRE J. B. AUBRY

Missionnaire au Kouy-Tchéou

D'APRÈS SA CORRESPONDANCE

I

La figure du P. Aubry, telle qu'elle se révèle à nous d'après sa *Correspondance* (1), est certainement l'une des plus remarquables de cette galerie d'élite formée par nos missionnaires contemporains.

Né à Orrony (Oise) en 1844, successivement élève du collège Romain et professeur au grand séminaire de Beauvais, puis enfin missionnaire, il est mort au Kouy-Tchéou, en 1882, à l'âge de trente-huit ans, dont sept seulement passés dans l'apostolat.

Ce qui constitue l'originalité de cette physionomie de missionnaire, trop tôt disparue, ce n'est ni l'intrépidité, ni le dévouement et le zèle des âmes poussés jusqu'à l'héroïsme : ces qualités qui font l'apôtre, certes tous nos missionnaires les possèdent, et même sans elles, on ne

---

(1) 1 vol. in-8°, Lille, librairie Saint-Augustin; Paris, Lecoffre.

s'expliquerait pas leur vocation; c'est, nous ne dirons pas non plus son intelligence, mais bien plutôt la trempe spéciale de cette intelligence et qui donne en même temps leur cachet propre à la piété du prêtre et au zèle de l'apôtre; en un mot, le P. Aubry a été ce qu'on pourrait appeler le type du *missionnaire-théologien.*

Missionnaire! Il avait senti l'attrait de cette vocation dès le jour de sa première communion, et s'il n'y obéit que bien plus tard, ce ne fut, ce semble, que pour mieux se préparer à cette sublime mais difficile mission de l'apostolat, et pour rendre plus méritoire le sacrifice qu'il dut faire pour l'embrasser. Theologien! Il avait appris à le devenir sur les bancs du collège Romain, à l'école de ce maître éminent que nous pouvons bien, maintenant qu'il n'y a plus à redouter d'offenser sa trop grande humilite, saluer du titre que lui décernera la postérité et appeler le prince des théologiens de ce siècle, le savant, le bon, le saint cardinal Franzelin (1). Théologien il était resté au milieu des labeurs de sa vie de missionnaire, consacrant les rares instants que lui laissait l'instruction de ses néophytes chinois, à la lecture des Pères de l'Église et des Scholastiques; saluant

---

(1) Décédé pieusement à Rome, le 12 décembre 1886.

avec un enthousiasme débordant l'apparition de l'Encyclique *Æterni Patris* de Léon XIII (1) pour la restauration des études philosophiques et théologiques, et demandant qu'on n'en restât pas en France, à donner de stériles louanges aux idées du Souverain Pontife, mais qu'on s'occupât sérieusement de les appliquer dans la *pratique* de l'éducation des jeunes clercs ; enfin, trouvant au milieu de ses travaux et de ses fatigues nous ne dirons pas seulement le temps, mais la liberté d'intelligence nécessaire pour écrire sur la *Méthode de théologie* une étude que les éditeurs de sa *Correspondance* qualifient de *magistrale* et qui sera publiée prochainement.

II

Il est intéressant maintenant de voir un tel homme à l'œuvre. Ce n'est qu'en 1875 que M. Aubry partit pour les missions de Chine, après avoir, à son retour de Rome, occupé pendant quelque temps une chaire au grand séminaire de Beauvais. Cette chaire qu'il aimait, il n'hésita pas à la quitter, de même que ces disciples qu'il groupait autour de lui et dont il se plaisait tant à façonner les jeunes intelligences à l'instar de la sienne. L'at-

---

(3) Cf. Lettre XLIIᵉ.

trait des missions fut plus fort que tout, et il partit *comme un chien qu'on fouette* (ce sont ses propres expressions), ou plutôt, comme un apôtre dont le cœur saigne de tous les sacrifices qu'il fait pour obéir à l'appel de Dieu, mais qui se complaît dans l'amertume même du calice qu'il lui faut boire.

Dès qu'il a mis le pied sur le sol de la Chine, il se sent déjà surabondamment récompensé par l'attrait que lui inspirent ses nouveaux devoirs. Du premier coup il saisit la beauté et la grandeur de l'œuvre à laquelle il vient consacrer ses forces et ses labeurs. « Quelle consolation, écrit-il, d'assister à la naissance et à la jeunesse de l'Eglise catholique !... Oui, l'Eglise de Dieu est belle partout, dans tous ses âges et dans tous ses états ; mais elle est plus touchante encore ici, dans son aimable et sainte enfance, croissant au milieu d'une société païenne vraiment comme le lis au milieu des épines. » (1)

Son apprentissage de missionnaire terminé, sous la direction d'un confrère plus ancien et plus expérimenté, comme c'est l'usage dans les missions, il se met aussitôt à l'œuvre.

Ecoutons-le raconter lui-même comment et au prix de quelle patience et de quelles fatigues les âmes se gagnent à Jésus-Christ. « Il faut que je vous dise

____

(1) Lettre VIIIe.

maintenant en quoi consiste ce travail d'évangélisation, comment on procède pour faire entrer le christianisme plus avant dans le pays et gagner de nouvelles populations à la foi.

« Le missionnaire va s'installer dans une de ses chrétientés les plus écartées du centre, au bord du pays à conquérir. Là il prêche, il dit la messe, il fait inviter les gens à venir voir ce *maître en religion* étranger. Le Chinois est très voyageur ; il y a toujours dans le pays quelques personnes des environs ; il est de plus excessivement curieux, surtout à l'endroit des Européens.

« Il vient donc voir et entendre ; il en vient des centaines. Tous déclarent, et cela ne manque jamais, que cette religion est plus belle, plus sensée que celle des idoles, et que sa morale est plus raisonnable. Seulement, quand il s'agit de tirer la conclusion pratique, les Chinois ne répondent rien et déguerpissent les uns après les autres. Pourtant, il en reste d'ordinaire quelques-uns, cinq ou six, une dizaine, qui ont l'air d'attendre quelque chose. On les interroge, ils répondent : « Je ne dis pas non ». On leur fait promettre de revenir le lendemain ; la moitié revient ; ils ont réfléchi et sont assez disposés à se laisser instruire. On les fait revenir tous les jours ; plusieurs se détachent encore ; on en renvoie soi-même quelques-uns qui sont des gredins et vous exploitent. Après une semaine ou deux, le petit troupeau de recrues est épuré, réduit à sa plus simple expression ; mais ce qui reste offre un peu d'espérance. On les instruit ; le Père donne des ordres pour le temps de son absence : venir de temps en temps se faire instruire par un chrétien du lieu, faire les prières du dimanche avec lui. Il leur promet le baptême au bout d'un an, s'ils ont appris la *doctrine*, assisté aux prières et prouvé par leur conduite leur bonne volonté. Ils rentrent dans leur pays. Six mois ou un an après, le Père repasse par là et les convoque. Ils reviennent, encore diminués en nombre, ou ayant fait eux-mêmes quelques recrues.

« On les examine ; on en admet quelques-uns au baptême ; on retarde les autres. Les nouveaux baptisés retournent dans leur pays et y forment le premier noyau d'une chrétienté. Ainsi le district s'est un peu étendu. A son prochain voyage, le missionnaire ira peut être loger et célébrer la messe chez eux, s'ils lui disent qu'il y a espérance de ce côté, qu'il pourra encore pousser plus loin et grossir le noyau. Ainsi, petit à petit, le règne de Dieu s'étend. N'est-ce pas que ce travail d'extension lente et de proche en proche est intéressant ? » (1)

Mais c'est surtout le côté surnaturel de

(1) Lettre X^e.

cette œuvre sublime des missions qu'il faut l'entendre décrire. Il le fait en théologien consommé, et ses anciens maîtres, s'ils eussent pu lire ses lettres, n'eussent pas hésité à reconnaître en lui leur disciple, tout en s'inclinant devant l'apôtre.

« Donner la vie chrétienne à ces pauvres populations, quel ouvrage, mon Dieu ! et avoir à notre disposition si peu de ressources ! Pourtant l'œuvre se fait, la foi se répand. N'est-ce pas un miracle, un vrai miracle ? tout intérieur, c'est vrai..... Pour moi, qui le constate journellement, il est plus frappant, plus admirable, plus surnaturel que n'importe quelles guerisons ou résurrections de corps. Voilà de pauvres âmes qui ont vécu *mortes*, sont restées étrangères à toute pensée je ne dirai pas élevée, mais simplement humaine, abruties, bestialisées depuis leur origine ; vous jetez en elles la petite étincelle de la foi ; elle couve sous la cendre, et soudain la chaleur et la lumière se produisent ; vous voyez, vous suivez les progrès de l'Evangile, qui envahit les âmes, les familles, la contrée. Au commencement, la foi est faible, très faible ; on se demande si elle existe ; après quelques années, vous la sentez, vous la *palpez* ». (1)

Parfois, le *missionnaire-théologien* devient poète, pour chanter les con-

____

(1) Lettre XXIIIe.

quêtes qu'il a entrepris de faire au nom de Jésus-Christ. Après s'être égaré le soir dans un pays qu'il parcourait pour la première fois, le Père Aubry, brisé de fatigue, est enfin arrivé à La-Gao, un coin perdu du Kouy-Tchéou : « Le paysage, — écrit-il, — est splendide, surtout le soir... Rien de plus calme, de plus paisible : devant moi, la vallée et les montagnes, dont les crêtes, éclairées par la lune, se dessinent sur le ciel en zigzags et en pointes. La vallée est dans l'obscurité...; pas d'autres bruits que les mugissements du torrent, le cri des cigales, l'aboiement de quelques chiens dans le lointain ; la terre s'efface, l'âme se sent attirée par toutes les lumières qui scintillent au firmament ; elle monte, comme pour chercher là-haut les vivants : *Terra viventium.*

« Et cependant le devoir est en bas : dans les vallées que voici, et de l'autre côté de ces montagnes il y a des fourmilières d'hommes ; chacun d'eux a une âme, un ange gardien, un droit aux mérites de Jésus-Christ, une place préparée au ciel ; et c'est moi qui leur apporte, de la part de Notre-Seigneur, la lumière qui leur montrera le chemin du salut : *Lumen ad revelationem gentium.* Et tout ce peuple est là, dans cette ombre qui enveloppe la contrée !... *Illuminare his qui in umbra mortis sedent !* Méditées ici, ces paroles ont quelque chose de sai-

issant. Ce voile de mort, je le vois étendu devant moi sur ce pays ; il semble que
je le touche. » (1)

Puis, comme il est bien naturel, faisant
un retour sur son propre pays: « Mon Dieu !
— s'écrie-t-il, — que c'est triste, un
peuple qui n'est pas chrétien ! Et que
veulent donc faire de l'Europe ceux qui
travaillent avec tant d'acharnement à lui
enlever sa foi ? » (2)

III

Quel jugement un esprit d'une trempe
si forte et d'une originalité si élevée
portait-il sur la civilisation chinoise?
C'est ce que se demanderont avec curio-
sité tous nos lecteurs, aujourd'hui surtout que la question chinoise tient
une place toute particulière dans les
préoccupations du patriotisme français.
Cette civilisation, il la juge comme
l'ont jugée tous nos missionnaires : « La
civilisation actuelle de la Chine, dit-il,
est-ce qu'elle a toujours été depuis au
moins deux mille cinq cents ans, car
c'est un pays immobile dans ses usages,
et puis il reste des documents innom-
brables, en tout genre, pour attester que
la Chine a gardé le *statu quo*. Or, sa civilisation actuelle, à peu près à tous les

---

(1) Lettre XXXV⁰. — (2) *Ibid.*

points de vue, est une monstruosité non seulement anti-chrétienne, mais *anti humaine.* (1)

« On parle en France de leurs riches bibliothèques, de leurs encyclopédies de cent mille volumes. C'est vrai, mais personne ne les lit, et on a raison. Ces tomes, sans rien qui les rattache les uns aux autres, forment une masse qui s'est accrue successivement, — *rudis indigestaque moles,* — et pourtant chacun d'eux renferme très peu de matières. C'est comme qui dirait cent mille volumes du journal le plus soporifique et le plus banal qu'on puisse imaginer : des discours d'éloge de celui-ci, de celui-là, de ceci, de cela ; pas une notion scientifique exacte, pas une observation morale un peu fine, pas un trait touchant ; tout au plus un proverbe ingénieux. » (2)

Le jugement qu'il porte sur les individus, lettrés ou paysans, païns ou convertis, n'est pas plus favorable. Tous ils sont ce que les a faits cette civilisation *anti-humaine.* et ce n'est que par la *foi* qu'ils parviendront à redevenir des hommes.

Le type qu'il préfère encore est celui du paysan chinois, auquel il trouve quelques traits de ressemblance avec notre brave paysan français. Mais combien celui-ci est au-dessus du premier ! Vivant du moins dans une atmosphère

------

(1) Lettre XIII°. — (2) *Ibid.*

imprégnée de dix-huit siècles de christianisme, il a, rien que par ce fait, une
élévation d'idées, une noblesse de sen-
timents que le Chinois non-seulement
n'atteint pas, mais ne saurait même
comprendre.

Et cependant le Père Aubry les aimait, ces pauvres Chinois pour lesquels il
avait tout quitté et était prêt — il le dit
lui-même — « à donner mille fois sa
vie ». Mais il ne pouvait se forcer à les
voir autrement qu'il ne les voyait, et
certes, ce n'était pas en beau.

Aussi bien, s'il avait donné son la-
beur et sa vie à la Chine, comme son
cœur était resté à la France ! « Mes souve-
nirs d'études, — écrivait-il à un de ses
amis, — avec ceux d'Arrouy et de Ribé-
court et quelques autres, font partie de
mon tempérament, de ma nature... Plus
j'avance dans la vie, plus ils m'émeu-
vent et m'enchantent ; ils sont ma ri-
chesse et ma ressource dans ce pauvre
pays, où il faut faire une énorme dépense
de forces intérieures, sans presque pou-
voir refaire ses provisions » (1). — « Il
m'arrive quelquefois, pendant que je lis
mon bréviaire sur ma mule, de rencon-
trer du regard, sur le penchant d'une
montagne ou au fond de quelque ravin,
un groupe de maisons mêlées à des ar-
bres, offrant un peu de ressemblance

______

(1) Lettre XLIe.

avec nos hameaux de l'Oise. Vous ne vous imaginez pas la révolution que ça me fait dans le sang, le regret incommensurable qui m'envahit et l'espèce de sanglot que je sens monter. Soyez tranquille ; c'est l'affaire d'une demi-minute. Plus on est vieux missionnaire, plus on est sujet à ces crises-là. Je n'en suis pas moins joyeux ordinairement, et si le sacrifice coûte plus à certaines heures, je chante comme le petit mousse :

> C'est au ciel que j'espère,
> Que j'espère un peu d'amour (1). »

IV

Ce qui le soutient au milieu des épreuves de sa vie apostolique et l'empêche de s'abandonner au regret de la patrie absente, — « la grande tentation du missionnaire », écrit-il quelque part, — c'est, indépendamment des forces qu'il puise dans l'idée si élevée et si surnaturelle qu'il s'est faite de la vie de missionnaire, l'amour qu'il a conservé pour l'étude. — « Sans doute, écrit-il encore, la vie de missionnaire n'est pas brillante; mais je n'en connais pas de plus féconde en vraies joies intérieures; surtout je sens en moi un fond de calme et de bonheur que rien n'altère. Mon isole-

(1) *Ibid.*

ment moral est complet ; de loin en loin
arrivent des nouvelles de France, quelquefois un confrère. Précisément j'ai
reçu dernièrement la visite de mon plus
proche voisin ; il n'est qu'à trente lieues
d'ici... » Puis il entre dans les détails,
dont quelques-uns très pittoresques, des
joies et des consolations mutuelles pro-
curées par cette visite. « Mais, reprend-
il, voyez comme on se fait à l'isolement !
Le confrère partit tout réconforté et ne
me laissa pas attristé du tout; je suis
cependant très lié avec lui, et sa visite
me faisait grand plaisir. Que voulez-
vous ! je sentais les journées gaspillées,
je n'avais plus le temps ni de penser, ni
de rien faire. Vive encore la solitude ! Elle
ne m'a jamais pesé ; aujourd'hui elle me
devient un besoin, et la société des Chinois m'en laisse jouir complètement. » (1)

Si la solitude à laquelle le condamnait
sa vie d'apôtre lui est devenue si chère,
c'est que cette solitude est remplie par
l'étude : « J'étudie pour moi, pour préparer mon âme à être *capable* de Dieu
dans l'eternité, pour baigner mon cœur
dans la lumière surnaturelle et faire
passer dans mon intelligence quelque
chose de ces trésors infinis de science et
de sagesse cachés en Jésus-Christ (2). »

Son étude de prédilection était celle
de saint Paul, et à force de l'avoir mé-

---

(1) *Ibid.* — (2) Lettre XLII⁰.

dité, il semble vraiment avoir réussi à faire passer en lui quelque chose de la grande âme de l'apôtre, de ses sublimes conceptions sur Jésus Christ, sur l'Église, sur la grâce, de son zèle de feu qui le faisait se dépenser et se dépenser encore pour les âmes : *Impendar et superimpendar pro animabus vestris*, pour procurer au corps mystique de Notre-Seigneur tout l'accroissement qui lui est encore dû pour qu'il arrive à sa plénitude, et que Dieu soit glorifié en Lui et en tous. (1)

Ce qui le soutient encore, c'est ce trésor de vaillance et de bonne humeur que tout Français, qu'il soit soldat ou prêtre, zouave ou missionnaire, porte partout avec lui et qui est passé comme de tradition et de règle aux *Missions Étrangères*. Il termine ainsi une de ses lettres en réponse à un correspondant qui s'inquiétait de sa santé : « Au petit bonheur! on finira toujours bien par vieillir et on viendra à bout de mourir (2). »

Hélas! non, il ne devait pas vieillir, et sa santé, pour laquelle il n'avait aucun ménagement, — « on devient ici d'une telle indifférence pour sa *carcasse* (3) » — ne devait lui permettre d'exercer que pendant un temps trop court le ministère apostolique.

« Adieu, cher ami, — écrivait-il à un

---

(1) Cf. Lettre XIVᵉ. — (2) Lettre XXXVIᵉ. — (3) Lettre XXVIᵉ.

autre, — ne soyons pas tristes, nous marchons vers la jeunesse éternelle (1). »

Ne dirait-on pas, dans ces dernières paroles, qu'on ne saurait lire sans se sentir transporté d'enthousiasme, tant elles sonnent l'accent de la foi la plus intrépide et d'une espérance déjà joyeuse de sa récompense, — ne dirait on pas entendre comme un appel du ciel, et que le missionnaire a eu comme un pressentiment de sa mort prochaine, ou plutôt comme une vision de la couronne qui s'avance et qui, si vite conquise, va bientôt se poser sur son front?

Moins d'un an après les avoir écrites, le P. Aubry se voyait à deux doigts du martyre, à Pou Gan-Tin; moins de deux ans après, il mourait à Hin-y Fou, sinon comme il l'avait desiré, en versant son sang pour Jésus-Christ, du moins, suivant le beau mot d'un de ses confrères (2), « martyr du dévouement à ses chrétiens », et sans savoir que son évêque, Mgr Lions, venait de le demander pour son coadjuteur au Souverain Pontife.

On voit, par les nombreux extraits que nous en avons faits, quel est l'intérêt de cette *Correspondance*. Elle nous fait vivre pendant quelques instants la vie sublime de ces missionnaires, héros de la civilisation et de l'Evangile, qui, sans

____

(1) Lettre XLIe. — (2) Le P. Michel, Cf. Lettre XLVe et dernière.

autre espoir que le ciel, s'en vont semer sur des terres ingrates la semence de la bonne parole, et, au bout du sillon qu'ils ont creusé et arrosé de leurs sueurs et quelquefois de leur sang, meurent comme ils ont vécu, sans que le monde, dont ils sont l'honneur, prenne garde à eux, sans autres témoins que les anges qui les ont vus travailler et souffrir et qui sont chargés par Dieu de recueillir au ciel la moisson de leurs mérites. Honneur à eux ! Si on ne se sent pas le courage de les applaudir, que du moins on apprenne à les estimer. Qu'ils cessent enfin d'avoir des détracteurs ; qu'on laisse aux mandarins et aux lettrés chinois le triste soin de les calomnier et de les persécuter ! Qu'au lieu de détracteurs, ce soient des imitateurs qui leur viennent ! L'Evangile sera prêché, la France sera honorée, et par-dessus tout Jésus-Christ, Roi de tous les siècles et de tous les peuples, sera glorifié !

L'abbé PÉTEY,
Docteur en théologie.

13545. — PARIS IMPRIMERIE F. LEVÉ, RUE CASSETTE, 17.